**THEODOR KRAMER
GESELLSCHAFT**

Die Lyrikreihe „Nadelstiche" wurde ermöglicht durch Spenden von Freundinnen und Freunden Siglinde Bolbechers.

Greta Elbogen
God Plays Hide And Seek
Poems

Gott spielt Verstecken
Gedichte

English
Deutsch

Aus dem Englischen von Konstantin Kaiser
in Zusammenarbeit mit Harry Kuhner
und Daniel Müller

Nadelstiche, herausgegeben von Alexander Emanuely,
Konstantin Kaiser, Lydia Mischkulnig und Herbert Staud
Band 5

Drucklegung gefördert durch die Stadt Wien – Kultur und
die Kunstsektion des Bundeskanzleramtes Wien

ISBN 978-3-901602-58-0
© 2015 Greta Elbogen und Theodor Kramer Gesellschaft
A-1020 Wien, Engerthstraße 204/40
Tel. +43/ 1 / 720 83 84, Fax 729 75 04
E-Mail: office@theodorkramer.at
www.theodorkramer.at

Gestaltung: Julian Palacz; Umschlaggestaltung und
Zeichnung auf dem Umschlag von Olivia Kaiser

Contents
Inhalt

Dear Readers... 9
An meine Leserinnen und Leser 14

A Mother in 1939 20
Eine Mutter 1939 21

Can't You See Me My Big Brother 22
Kannst du mich nicht sehen, größerer Bruder 23

My Beautiful Grandmother 24
Meine schöne Großmutter 25

Where Is My Teddy Bear? 26
Wo ist mein Teddybär? 27

The Homecoming 28
Heimkommen 29

A Chilling Reunion 30
Ein erschreckendes Wiedersehen 31

In Waiting From Heaven 34
Vom Himmel erhoffen 35

True Love 36
Wahre Liebe 37

The Best Teacher   38
Die besten Lehrer   39

For the First Time   40
Zum ersten Mal   41

My World   42
Meine Welt   43

Fear?!   44
Furcht?!   45

Love! What A Gift!   46
Liebe! Welch eine Gabe!   47

I Only Have Time To Love   48
Ich habe nur Zeit zu lieben   49

Dialogue With A Waterbug   50
Gespräch mit einer Kakerlake   51

God Plays Hide And Seek   54
Gott spielt Verstecken   55

Not In My Dictionary   56
Nicht in meinem Wörterbuch   57

I Am Not Afraid   58
Ich habe keine Angst   59

Who Am I?   60
Wer bin ich?   61

That Will Be   62
Es wird sein   63

Together At Last   66
Endlich zusammen   67

Peace is Possible!   68
Friede ist möglich!   69

Pictures From My Life   71
Bilder meines Lebens   71

In Gratitude   92
Danksagung   94

Dear Readers,

A few months before my dear mother's passing in 2006 words came to me and I decided to write them down. Each thought formed a coherent poem, each telling my very first memories in chronological order, each representing very sad events that happened to me the first 7 years of my life. The following years my poems became love poems, inspirational poems.

My Story:

My parents got married in 1929 in Frauenkirchen in Burgenland, Austria, where my mother and her five siblings grew up. My father's family was originally from Csorna, Hungary. My parents settled in Vienna, where my father at the age of 27 established a wholesale grain business with two of his brothers. My parents were practicing orthodox Jews and attended the well known Schiff Schul (synagogue). They had four children between 1930 and 1937, myself the youngest. We had fine clothes and a lovely home. My parents were known to help the needy. In 1938, after the *Anschluss*, the annexation of Austria into Nazi Germany, my parents decided to flee to Hungary, where my father's stepmother, five siblings and their families lived. The Austrian branch of the family was scattered in all directions.

From 1940 to 1942 my father briefly joined a business and we settled in Budapest. Our life seemed normal until my father was told to report to a forced labor camp. He was taken to many different slave labor camps. His final station was Dachau concentration camp in Germany where he perished in 1945. My mother and my older sister survived in a protected house thanks to the heroic work of Swedish diplomat Raoul Wallenberg in Budapest. My two older brothers and I were hidden in a Swiss protected Red Cross shelter organized by Reverend Gabor Sztehlo on the outskirts of Budapest during the winter of 1944-45.

Many members of my family perished in Auschwitz. Only the relatives who had fled to Palestine, now Israel, survived. We could not reunite with them as Hungary was communist-ruled after 1945, and we were not permitted to leave the country.

There was no celebration in our family when the war ended. Our mother was so traumatized that we were immediately taken to an orphanage. I was 7 years old at that time. Shortly after my two older brothers were sent to an Orthodox Talmudic Seminary in England. I lived for two years at the orphanage until at last I moved back with my mother and older sister. We were supported by the Jewish community in Budapest. My formal education began in third grade.

While I attended elementary school, I participated in a Jewish afternoon program at Dob Utca 35. I studied at the all-girls Jewish *Gimnazium* (high school) in Budapest from 1952 to 1956. I believe that this fine institution nurtured and inspired me for life.

Even though our Austrian citizenship was reinstated in 1952, we only got permission from the Hungarian government to leave in 1956. We returned to Vienna with lots of memories, no money and no plans for the future. I, the youngest of four, decided to marry first, to a Hungarian man who lived in New York, just to get away from my family and their helplessness.

My tragedies still continued after the war. I had already lost my father, my grandmother and extended family members during the war, but I also lost my two brothers to mental illness. One passed away in a nursing home in Israel in 1982. I took care of the eldest and attended to him till his passing in 2008. I also created a home and nursed my mother, who never recovered from the losses in her life. My children and I surrounded her with lots of love and attention.

My marriage was a challenge. It forced me to find out who I was. After twenty years of marriage and raising four children I asked for a divorce. By then I had completed my studies at Brooklyn College with a bachelor's degree B.A. and 2 years later I received a master's degree M.S.W. from Hunter College School of Social Work.

I made many changes in my life. I worked as a social worker for 15 years. As my first position in the field I was impelled to work with Holocaust survivors. This was followed by work for several other Jewish Agencies. Then I began to build my private practice in psychotherapy by continuing my education in related fields: family therapy and holistic forms of healing. I specialize in couples and family therapy with the focus on self healing. I myself have been in psychotherapy, and in addition seek out and benefit from holistic forms of healings.

Besides being a mother and a therapist, I also have been engaged, since 1982, in numerous spiritual and faith-related study programs and practices: Jewish, Christian, Hindu, Buddhist, Multifaith, and New Age.

My hobbies of singing, dancing, and outdoor activities such as hiking and biking have assisted me on my journey of healing my childhood traumas.

Writing poetry is another passion of mine.

I've also been active as a volunteer for Jewish causes.

As a trained interviewer for the Survivors of the Shoa Visual History Foundation [a Project of Producer Steven Spielberg] in 1995-97, I interviewed many Holocaust survivors. Presently I am a member of the Speakers Bureau at the Museum of Jewish Heritage, where I have been making presentations since 2009.

In 2011, I presented at the New Republican Club in Vienna, Austria, as well as in the high-school of Frauenkirchen.

I see myself as a teacher who is able to help others by understanding the meaning of my own life experiences. Just as I learned over the years to transform my suffering into compassion one day at the time, I believe that all of us, if we choose, are able to leave behind the notion of being victims and can embrace life, living it to the fullest.

Greta Elbogen

An meine Leserinnen und Leser

Wenige Monate, ehe meine liebe Mutter 2006 hinschied, kamen mir Worte in den Sinn, und ich beschloss, sie niederzuschreiben. Jeder Gedanke formte ein stimmiges Gedicht. Jedes dieser Gedichte sprach in chronologischer Ordnung von meinen frühesten Erinnerungen, von sehr traurigen Geschehnissen, die mir in den ersten sieben Jahren meines Lebens widerfuhren. In den Folgejahren wandelte sich meine Poesie zu Gedichten der Liebe und der Inspiration.

Meine Geschichte

Meine Eltern hatten 1929 im burgenländischen Frauenkirchen geheiratet, wo meine Mutter und ihre fünf Geschwister aufgewachsen waren. Die Familie meines Vaters stammte ursprünglich aus Csorna in Ungarn. Meine Eltern ließen sich in Wien nieder, wo mein Vater im Alter von 27 Jahren mit zwei seiner Brüder einen Getreidegroßhandel gründete. Meine Eltern waren praktizierende orthodoxe Juden, ihre Synagoge war die berühmte Schiffschul. Von 1930 bis 1937 bekamen sie vier Kinder; ich war das jüngste. Wir trugen feine Kleider und hatten ein schönes Zuhause. Meine Eltern waren für ihre Hilfsbereitschaft Bedürftigen gegenüber bekannt. 1938, nach dem *Anschluss*, der Annexion Österreichs durch Nazi-Deutschland, entschieden sich meine Eltern zur Flucht nach Ungarn, wo die Stiefmutter meines Vaters, fünf seiner Geschwister und deren Familien lebten. Der österreichische Zweig der Familie wurde in alle Himmelsrichtungen zerstreut.

1940 bis 1942 trat mein Vater für kurze Zeit in ein Unternehmen ein, und wir lebten in Budapest. Unser Leben schien in normalen Bahnen zu verlaufen, bis mein Vater zur Zwangsarbeit verpflichtet wurde. Er durchlief unterschiedliche Sklavenarbeitslager. Seine letzte Station war das Konzentrationslager Dachau in Deutschland, wo er 1945 zugrunde ging. Meine Mutter und meine ältere Schwester überlebten in einem sogenannten Schutzhaus in Budapest dank des heroischen Wirkens des schwedischen Diplomaten Raoul Wallenberg. Meine beiden älteren Brüder und ich waren im Winter 1944/45 in einer von der Schweiz geschützten Zufluchtsstätte des Roten Kreuzes versteckt, organisiert von Pastor Gabor Sztehlo am Stadtrand von Budapest.

Viele Mitglieder meiner Familie starben in Auschwitz. Nur jene Verwandten, die nach Palästina, heute Israel, geflüchtet waren, überlebten. Wir konnten mit ihnen nicht wieder zusammenkommen, da Ungarn nach 1945 kommunistisch beherrscht war und es uns nicht erlaubt wurde, das Land zu verlassen.

Unsere Familie hatte nichts zu feiern, als der Krieg zu Ende war. Unsere Mutter war derart traumatisiert, dass wir sofort in ein Waisenhaus gegeben werden mussten. Ich war damals sieben Jahre alt. Kurz darauf wurden meine beiden älteren Brüder in eine orthodoxe Jeschiwa nach England geschickt. Ich verbrachte zwei Jahre im Waisenhaus, bis ich schließlich zu meiner Mutter und meiner älteren Schwester zurückkehrte. Wir wurden von der jüdischen Gemeinde in Budapest unterstützt. Meine Schulbildung begann mit der dritten Klasse. Neben der Grundschule nahm ich auch an einem jüdischen Nachmittagsprogramm in der Dob Utca 35 teil. Ich lernte dann 1952 bis 1956 im jüdischen Mädchen-*Gimnazium* in Budapest weiter. Ich glaube, diese ausgezeichnete Bildungseinrichtung nährte und inspirierte mich mein Leben lang.

Obwohl wir seit 1952 wieder als österreichische Staatsbürger anerkannt waren, erhielten wir von der ungarischen Regierung erst 1956 die Genehmigung zur Ausreise. Wir kamen mit vielen Erinnerungen, ohne Geld und ohne Zukunftspläne zurück nach Wien. Ich, das jüngste von vier Kindern, entschied mich als Erste zur Heirat – mit einem in New York lebenden Ungarn –, nur um meiner Familie und ihrer Hilflosigkeit zu entgehen.

Die Schicksalsschläge hörten für mich auch nach
dem Krieg nicht auf. Hatte ich während des Krieges
bereits meinen Vater, meine Großmutter und weitere
Verwandte verloren, verlor ich nun auch meine beiden geistig erkrankten Brüder. Einer verstarb 1982 in
einem Pflegeheim in Israel. Ich sorgte für den Älteren
und stand ihm bis zu seinem Tod 2008 zur Seite. Ich
schuf ein Zuhause und pflegte meine Mutter, die sich
nie mehr von den Verlusten ihres Lebens erholte.
Meine Kinder und ich umgaben sie mit viel Liebe
und Aufmerksamkeit.

Meine Ehe war eine Herausforderung. Sie zwang
mich herauszufinden, wer ich war. Nach zwanzig
Ehejahren und der Erziehung von vier Kindern
reichte ich die Scheidung ein. Inzwischen hatte
ich meine Studien am Brooklyn College mit dem
Bachelor abgeschlossen. Zwei Jahre später wurde ich
Master in Sozialarbeit an der School of Social Work
des Hunter College in New York.

Ich habe mein Leben oft geändert. Fünfzehn Jahre
lang war ich als Sozialarbeiterin tätig. Meine erste
Aufgabe auf diesem Gebiet war die Betreuung von
Holocaust-Überlebenden. Danach arbeitete ich für
einige andere jüdische Organisationen. Später begann
ich mit dem Aufbau meiner eigenen psychotherapeu-
tischen Praxis, wofür ich meine Ausbildung in dazu-
gehörigen Bereichen fortsetzte: Familientherapie und

ganzheitliche Heilmethoden. Ich bin spezialisiert auf Paar- und Familientherapie, mit Fokus auf Selbstheilung. Ich war selbst in Psychotherapie und versuche zudem ganzheitliche Methoden herauszufinden und zu nützen.

Neben meinen Aufgaben als Mutter und Therapeutin engagiere ich mich seit 1982 in zahlreichen spirituellen Programmen und Praktiken unterschiedlicher Glaubensrichtungen: jüdisch, christlich, hinduistisch, buddhistisch, synkretistisch, New Age.

Meine Hobbys – Singen, Tanzen, Freiluftaktivitäten wie Wandern und Radfahren – haben mich auf meinem Weg, meine Kindheitstraumata zu heilen, unterstützt.

Gedichte schreiben ist eine weitere Leidenschaft von mir.

Ich bin auch ehrenamtlich für jüdische Institutionen tätig. Als ausgebildete Interviewerin der Survivors of the Shoa Visual History Foundation (eines Projekts des Filmproduzenten Steven Spielberg) interviewte ich viele Holocaust-Überlebende. Gegenwärtig gehöre ich auch dem *Speakers Bureau* des Museum of Jewish Heritage in New York City an, wo ich seit 2009 Vorträge halte.

2011 trug ich sowohl im Republikanischen Club – Neues Österreich in Wien als auch an der Handelsakademie in Frauenkirchen vor.

Ich sehe mich selbst als eine Lehrerin, die durch das Verstehen ihrer eigenen Lebenserfahrungen und deren Sinn fähig wurde, anderen zu helfen. Ich habe mit den Jahren gelernt, mein Leid in Mitgefühl umzuwandeln, und glaube, dass wir alle, wenn wir nur dazu bereit sind, die Vorstellung, Opfer zu sein, hinter uns lassen und das Leben annehmen und bis zum Letzten auskosten können.

Greta Elbogen

A Mother in 1939

On the run from Vienna to Csorna and Budapest

Why don't I remember sweet lullabies
Or soft words of love – adoration
From you, Mom?

Is this you with the harsh brush
Tackling chickenpox
On my little body in 1939?

Didn't you see my pretty face
My lovely body
My innocence
My glow?
Couldn't you just hold me once
Mother, with pride and joy?

Lullabies, yes.
Wouldn't it be nice.
But what I see is
Gripping fear in my mother's eyes.

Eine Mutter 1939

Auf der Flucht von Wien nach Csorna und Budapest

Warum erinnere ich mich nicht an süße Wiegenlieder
oder an die sanften Worte grenzenloser Liebe,
Mutter, von dir?

Bist du es, die mit harter Bürste
die Windpocken abrieb
von meinem kleinen Körper 1939?

Hast du mein hübsches Gesicht nicht gesehen
meinen lieblichen Körper
meine Unschuld
meine Fieberglut?
Hättest du mich nicht ein einziges Mal
umarmen können voll Stolz und Freude?

Wiegenlieder, ach ja.
Wären doch schön gewesen!
Aber was ich sehe ist
die rasende Angst in meiner Mutter Augen.

Can't You See Me My Big Brother

Remember Brother,
I'm the baby, one, two, three years old.
You, my big brother, eight, nine, ten years old.
Come, hold me.
Take me to the sand
Or swing in the park
Blow a balloon
Or throw me a ball.

Why am I so lonely?
Left in the crib?
Can't anybody see me?

Kannst du mich nicht sehen, größerer Bruder

Erinnere dich, Bruder:
Ich, das Baby, ein, zwei, drei Jahre alt,
du, mein großer Bruder, acht, neun, zehn Jahre.
Komm, heb mich hoch.
Nimm mich mit in den Park,
zur Sandkiste und zum Schaukeln.
Blase einen Luftballon für mich auf,
wirf mir einen Ball zu.

Warum bin ich so allein?
Verlassen in meinem Bettchen?
Sieht mich denn niemand?

My Beautiful Grandmother

In memory of my dear grandmother, Leah Fischmann

My beautiful grandmother,
You have such a special touch.
You put your shawl to heal my fears and such.

This well of love and tenderness
Had a very short stay for me
As we were separated
And you became one of the
Sacred flames of Auschwitz.

Thank you for the memories.
Thank you for your love.
I believe I owe you so much.

Meine schöne Großmutter

In Erinnerung an meine liebe Großmutter Leah Fischmann

Meine schöne Großmutter,
du mit deinem Feingefühl,
legtest den Schal um mich, die Angst
    zu bannen und mehr.

Dieser Quell der Liebe und der Zärtlichkeit
war für mich von kurzer Dauer.
Wir wurden getrennt.
Deiner gedenkt eine
der heiligen Flammen von Auschwitz.

Dank dir für die Erinnerung.
Dank dir für die Liebe.
Ich denke, ich schulde dir viel.

Where Is My Teddy Bear?

Hiding in a Red Cross Shelter

Where is my teddy bear?
Who dares to take my little bundle of clothes?
Who am I, what do I do?
Seven years old and all alone.
Many other children are
At this place.
I am just a number
Not for real.

The room is cold.
I share a narrow bed
And there is only little cover in that.

A little bit of food
And nothing to drink.

Did I just sip from a can of urine?

Wo ist mein Teddybär?

Versteckt in einer Unterkunft des Roten Kreuzes

Wo ist mein Teddybär?
Wer war so frech, mein kleines Bündel
    Kleider wegzunehmen?
Wer bin ich denn, was soll ich tun?
Sieben Jahre alt und ganz auf mich gestellt.
Manch andere Kinder sind
an diesem Ort.
Ich bin gerade noch eine Nummer.
Ist das denn wahr?

Der Raum ist kalt,
die Bettstatt schmal, ich muss sie teilen,
und dünn ist auf ihr die Decke.

Kaum ein Happen zum Essen.
Und zu trinken nichts.

Nahm ich nicht eben einen Schluck
    aus dem Topf voll Urin?

The Homecoming

Winter 1945

Could this be true
Separated at the age of seven?
Could this be true
Spend a whole winter freezing – hungry – hidden?

Could this be true?

When miracle delivered me to my mother's door
She declared there was no room for me at all.

Could it be true?

That love went into hiding
Looking to see who will seek to find it
That magical fabric of healing.

Heimkommen

Winter 1945

Konnte das wahr sein,
getrennt zu werden mit sieben Jahren?
Konnte das wahr sein,
einen ganzen Winter zu frieren, zu hungern,
versteckt zu sein?

Konnte das wahr sein?

Als mich ein Wunder an die Tür
      meiner Mutter führte,
erklärte sie, für mich sei kein Platz.

Konnte das wahr sein?

Dass sich die Liebe versteckt hatte
und schaute, wer sie suche und finde,
den magischen Stoff der Heilung.

A Chilling Reunion

*In Hiding in Budakesziut, Budapest Red
    Cross Shelter 1944-45*

How did this happen?
Who had the job to shave little girls' hair?
I do not remember at all, at this hiding place.
It was so cold a winter in 1944.

But my reunion with my mother
Had brought it to my attention.
"Oh, Dear Mother, I am home!" I said
The response as I recall, was
"You are bald! What happened to you?"
"Please, Mother, I am so scared
Hold me, hold me
Tell me you love me
With or without my hair.
Tell me I'm pretty and my hair will grow back."

Mother just stood helplessly at the door
Directing me to an orphanage
For my own good.

Ein erschreckendes Wiedersehen

Versteckt in Budakesziut, Budapest, Rot-
Kreuz-Heim 1944–45

Wie geschah das?
Wer hatte den Auftrag, den kleinen Mädchen
    das Haar zu scheren?
Ich erinnere mich nicht an alles an
    diesem verborgenen Platz.
Es war so kalt im Winter 1944.

Aber durch das Wiedersehen mit meiner Mutter
hat sich mir das eingeprägt.
„Oh, liebe Mutter, ich bin zu Hause", sagte ich.
Die Antwort war, wie ich mich entsinne:
„Du bist kahl! Was ist dir geschehen?"
„Bitte, Mutter, mir ist so bang,
halte mich, halte mich,
sag, dass du mich liebst
mit oder ohne Haar.
Sag mir, ich bin hübsch und mein
    Haar wächst wieder."

Mutter stand hilflos in der Tür,
verwies mich in ein Waisenhaus
zu meinem eigenen Wohl.

My arms are still open
Waiting for that embrace
Expecting someone to take my mothers place.

Waiting and waiting
To hear the words of sorrow
For all that I went through.
From the time I was born.

Meine Arme sind immer noch gebreitet
in Erwartung jener Umarmung,
jemanden ersehnend, der an meiner
      Mutter Stelle tritt.

Warten und warten,
das Trostwort zu hören
für alles, was ich durchmachte
seit der Zeit meiner Geburt.

In Waiting From Heaven

How long Heavens, till you bring me
The mother of my dreams
Who knows all my special qualities
All my needs and frailties
Who comforts me when I feel down
And cherishes my every sound?

I know I deserve the very best,
That is why I know, you will deliver my request.

Vom Himmel erhoffen

Wie lange, Ihr Himmel, wird es noch währen,
mir die Mutter meiner Träume zu bescheren,
die all meine Fähigkeiten erkennt,
all meine Nöte und Schwächen,
die mich aufrichtet, wenn ich niedergeschlagen bin,
und mich in allem liebt?

Ich weiß, ich soll haben von den besten Dingen,
darum weiß ich, Ihr werdet den Wunsch überbringen.

True Love

True love needs no money
Nor health
Nor roof over your head,
Does not need husband
Nor income, nor bed.
Just faith in something bigger than that.

Those who always honor love
Remember the miracle of Hanukkah
The little amount of oil
Continued to grow, to grow, to grow.

Wahre Liebe

Wahre Liebe benötigt kein Geld,
keine Gesundheit
kein Dach überm Kopf,
braucht auch keinen Ehemann
weder Einkommen noch Bett.
Glauben nur an Größeres als das.

Jene, die allzeit die Liebe ehren,
denken an das Wunder von Chanukkah –
ein bisschen Öl
hörte nicht auf sich zu mehren, zu
      mehren, zu mehren.

The Best Teacher

Suffering, loneliness
Are the best guides,
To seek out beauty and joy
Wherever you can find.

One kind word
Creates a symphony-like sound
Can bring tears of gratitude abound,
One is speechless, overcome by joy,
That is what one kind word can do.

Some of us who have been deprived
Of gentleness in our early lives
Are aware of the power
That compassion can bring forth
and practice it often times.

Die besten Lehrer

Leiden, Einsamkeit
sind die besten Lotsen
im Streben nach Schönheit und Freude,
wo immer sie zu finden sind.

Ein freundliches Wort nur
erklingt wie eine Symphonie,
ruft Tränen unendlicher Dankbarkeit hervor.
Man ist sprachlos, von Freude überwältigt.
Was ein freundliches Wort bewirken kann!

Einige von uns, die wir
in unserem früheren Leben
die Güte entbehrten,
wissen um die Kraft des Mitgefühls
und üben uns oft darin.

For the First Time

For the first time,
Four drops of tears
More worth than rubies
They appeared on my mother's face
On her 100th birthday
As I placed a
Bouquet of pink roses into her lap.

For the first time,
The thick wall of ice
Cracked open around her heart.

Yes, there were genuine tears
For the first time,
As she whispered
A genuine "Thank You".

I knew over the many years
I cared for my mother,
If I kept ignoring her anger and criticism,
Showered her with love, attention
She would attain inner peace and joy.

And for the first time,
That special day
I felt she did.

Zum ersten Mal

Zum ersten Mal erschienen
vier Tränen
mir teurer als Rubine
auf Mutters Gesicht
an ihrem 100. Geburtstag,
als ich ihr einen rosaroten
Strauß Rosen auf den Schoß legte.

Zum ersten Mal brach
der feste Wall aus Eis,
der ihr Herz umschloss.

Ja, es waren wirklich Tränen
zum ersten Mal,
als sie flüsterte:
„Ich danke dir."

All die Jahre, in denen
ich für meine Mutter sorgte,
ihren Ärger, ihre Kritik überging,
sie mit Liebe, Aufmerksamkeit umhüllte,
wußte ich, sie würde noch
zu innerem Frieden und Freude gelangen.

Und an diesem besonderen Tag
fühlte ich zum ersten Mal,
dass sie angekommen war.

My World

In my world – guns transform magically
Into palm trees.

In my world – bullets become
Honey crisp apples.

The sound I wake to each morning
Is the sound of hummingbirds.

The sound of the city traffic
Is the sound of Niagara Falls.

In my world my needs, big or small
Are fulfilled by simply thinking of them.

I know you doubt me.
I know it sounds foolish, I do not care.

Because I know, I am the creator
Of my own Happy Land.

Meine Welt

In meiner Welt – verwandeln Waffen sich magisch
in Palmenhaine.

In meiner Welt – werden aus Geschossen
knusprige gelbe Äpfel.

Der Lärm, der mich am Morgen weckt,
ist das Schwirren von Kolibris.

Der Verkehr in der Stadt
rauscht wie der Niagarafall.

In meiner Welt – die Wünsche, ob groß, ob klein,
erfüllen sich, indem man sie bloß denkt.

Ich weiß, du glaubst mir nicht.
Ich weiß, es klingt verrückt, doch
      kümmert mich das nicht.

Denn ich weiß, ich bin die Schöpferin
meines eigenen glücklichen Landes.

Fear?!

We had been together
Much too long.
Good bye! And Good luck.

As you are leaving
Release your grip on me.

Change your
Weapons of threat,
Become a useful object.

Maybe a simple bench
On which
People can rest.

Furcht?!

Wir waren
viel zu lang zusammen.
Leb wohl! Viel Glück!

Da du nun gehst,
nimm deinen Griff von mir.

Gib auf die Waffen
des Drohens,
werde doch etwas Brauchbares.

Und sei es eine schlichte Sitzbank,
auf der man
einmal ausrasten kann.

Love! What A Gift!

Love!
You are so light.

You carry no burden
No sadness or guilt
Nor pride.

You just sit there
Like a bush
Full of roses in bloom.

Giving free of your
Aroma and Beauty.

Liebe! Welch eine Gabe!

Liebe!
Du bist so leicht.

Trägst keine Bürde,
nicht Trauer oder Schuld
noch Stolz.

Du bist einfach da
wie ein Strauch
aufblühender Rosen.

Großmütig hingebend
Duft und Schönheit.

I Only Have Time To Love

You may toss unkind words
Towards me
I do not care
I only have time to Love.

You may offer guilt
Or discouragement
It matters not.
I only have time to Love.

Have you attempted
To put me down?
That is alright with me
Love cancels them all.

Ich habe nur Zeit zu lieben

Du magst mir schlimme Worte
entgegenschleudern.
Es bekümmert mich nicht.
Ich habe nur Zeit zu lieben.

Du magst mir die Schuld geben
oder Verzagtheit bieten.
Es macht mir nichts.
Ich habe nur Zeit zu lieben.

Hast du versucht
mich niederzumachen?
Damit bin ich schon fertig.
Die Liebe hebt alles auf.

Dialogue With A Waterbug

And said the waterbug to me pleading:

"Please just look at me once without
Such hate of passion.

Who is bigger after all?!

When humans go astray
You expect to get direction
To your destination."

And he continued pleading:

"Please would you just lead me
Back to my home.
It is simple courtesy…

After all we both,
Humans and Insects,
Are guests in God's house."

I responded:

"Yes tiny, shiny black creature
You may rest in my space
For as long as you need to."

Gespräch mit einer Kakerlake

Und die Kakerlake flehte mich an:

„Bitte schau mich nur einmal an ohne
solch ein Hassgefühl.

Ist denn eine von uns minder als die andere?!

Geraten Menschen auf Abwege,
erwartest du, dass man ihnen den Weg weist
zu ihrem Ziel."

Und sie flehte weiter:

„Bitte geleite mich
zurück in mein Heim.
Es wär' nur eine simple Gefälligkeit…

Schließlich sind wir beide,
Menschen und Insekten,
Gäste in Gottes Haus."

Ich antwortete:

„Ja, du winzige, glänzend schwarze Kreatur
magst bleiben in meinem Bereich,
solange du es nötig hast."

And the pleading waterbug and I
Became unlikely roommates after all!

So wurde die flehende Kakerlake schließlich
zu meiner ungleichen Mitbewohnerin.

God Plays Hide And Seek

Can you recognize me
My children?
Look closely.

When you see the Lion
I am having a masquerade party.

When you look at the Ocean
I am the playing waves.

When you see a Fly
I simply trick you
To recognize me
In such a tiny outfit.

They are my different costumes
Dear children.

I have fun
Playing hide and seek.

Go seek to find me.

Gott spielt Verstecken

Könnt ihr mich erkennen,
meine Kinder?
Schaut genau hin.

Wenn ihr den Löwen seht,
gehe ich zum Maskenball.

Wenn ihr aufs Meer hinausschaut,
bin ich im Spiel der Wellen.

Wenn ihr eine Fliege erblickt,
täusche ich euch nur.
Ihr sollt mich erkennen
selbst in geringer Gestalt.

Das sind meine verschiedenen Gewänder,
liebe Kinder.

Es macht mir Spaß
Verstecken zu spielen.

Geht, sucht mich zu finden.

Not In My Dictionary

In my dictionary the word
Disgusting
Is replaced with
The unique nature of things.

The word
Hate
Is replaced with
Inquiry into the unfamiliar.

Instead of
Revenge
It is stated
Dialogue with the one who hurt me.

In place of the word
War
Is written,
Building bridges of understanding
Between myself and the other.

Nicht in meinem Wörterbuch

In meinem Wörterbuch wird
ekelhaft
ersetzt durch:
Spezifische Natur der Dinge.

Das Wort
Hass
wird ersetzt durch
Erkundung des Unbekannten.

Statt
Rache
steht:
Gespräch mit dem, der mich verletzte.

Anstelle des Wortes
Krieg
ist geschrieben
Brücken des Verständnisses bauen
zwischen mir selbst und dem anderen.

I Am Not Afraid

I am not afraid to die,
I am simply returning home.

But I am often frightened of Life on this Earth
Full of the unexpected,
Full of the unkind,
Full of aching noises of
People wanting to be heard-seen,
And they are always right.

I am seeking my spiritual Brothers and Sisters
Who are rejoicing in my happiness
Are reaching for my hands
To help me reach my next step.

Ich habe keine Angst

Ich habe keine Angst zu sterben,
ich kehre ja nur nach Hause zurück.

Doch bin ich oft erschrocken über das
      Leben auf dieser Erde
voll von Unverhofftem,
voll von Unfreundlichkeit,
voll von den Schmerzlauten all derer,
die endlich gesehen, gehört werden wollen,
und sie haben immer Recht damit.

Ich aber bin auf der Suche nach meinen
geistigen Brüdern und Schwestern,
die sich an meinem Glück erfreuen
mir die Hände reichen, mir zu helfen,
meinen nächsten Schritt zu tun.

Who Am I?

Do not call me a Holocaust survivor,
Call me a mother, a daughter, a sister
Call me a friend or a healer,
And you can call me believer of Universal Love.

Call me Lover of mountains,
And Lover of waters with many colors
Or little colors

I am Lover of music,
All kinds of music
The one that transports you into eternity,
And Lover of music
That I can dance to
And Lover of songs that
I can sing to.

Call me Lover of fine chocolate
And Lover of aroma of fine coffee.
I am Lover of all Babies, and of course
I am Lover of all Lovers
Who feel just like I do,
Praise Heavens.

Wer bin ich?

Nennt mich nicht Holocaust-Überlebende,
nennt mich Mutter, Tochter, Schwester,
nennt mich Freundin oder Heilerin.
Nennen könnt ihr mich eine Gläubige
    der allumfassenden Liebe.

Nennt mich eine Liebhaberin der Berge
und Liebhaberin der Wasser in ihrer Farbenpracht
oder auch mit wenigen Farben.

Ich liebe Musik,
alle Arten Musik,
jene, die dich in Zeitlosigkeit führt,
und die Musik,
zu der ich auch tanzen kann,
und liebe auch Lieder, die
ich singen kann.

Nennt mich eine Liebhaberin edler Schokolade
und Liebhaberin des Geruchs von gutem Kaffee.
Ich liebe alle Babys, und natürlich
liebe ich alle Liebenden,
die so fühlen wie ich,
die Himmel zu preisen.

That Will Be

When the price of a dozen eggs
Will be simply $2.40 instead of $2.39
And when the repairman will show up
At the appointed time,

We will have no need for locks
On our doors,
Nor safety bars on our car wheels,

THAT WILL BE

And what is mine will be yours
Ours will be mine
And all children will rejoice
In the plenty of our Planet

Scarcity is no longer a word
A thought a concern

The power of good intention
Penetrates our surroundings
So much so,
That tigers can relax
No longer worried about
Tomorrow's meal,
Sheep smile peacefully at the lions,

Es wird sein

Wenn der Preis für ein Dutzend Eier
einfach $ 2,40 sein wird statt $ 2,39,
und wenn der Handwerker zur vereinbarten
Zeit erscheint,

werden wir keine Schlösser mehr brauchen
an unseren Türen,
noch Sicherungsbügel an unseren Lenkrädern,

ES WIRD SEIN

Und was mein ist wird dein sein,
unseres wird meines sein,
und alle Kinder werden sich erfreuen
an der Fülle unseres Planeten

Mangel ist nicht länger ein Wort
noch ein Gedanke oder eine Sorge.

Die Macht des guten Willens
durchdringt unsere Umgebung
so sehr, dass
die Tiger sich entspannen können,
nicht länger bekümmert
um die Speise des morgigen Tags,
das Schaf den Löwen friedlich zulächelt,

And God calls out
"I TOLD YOU SO."

Und Gott ruft aus:
„ICH HABE ES EUCH GESAGT."

Together At Last

Would you be my Prince
So I can be your Princess?
I shall place garland on your head
While you place rose petals under my feet,

Together at last.

The moon is singing while
The stars are dancing for us
Heavenly Beings whisper
"True Love – True Love!!"

Endlich zusammen

Wirst du mein Prinz sein,
wenn ich deine Prinzessin werde?
Ich will einen Kranz auf dein Haupt legen,
während du Rosenblätter vor meine Füße streust.

Endlich zusammen.

Der Mond, er singt, und während
die Sterne für uns tanzen,
wispern uns himmlische Wesen:
„Wahre Liebe – Wahre Liebe!!"

Peace is Possible!

Peace is possible building it
One breath at a time,
Peace is possible building it
One word at a time,
Peace is possible building it
One day at a time,
Peace is possible building it
One person at a time,

Peace is possible only and only
By peaceful means.

We do not need to fight for it,
We do not need to die for it,

Peace is possible only by peaceful means.
Let's go for it.

Friede ist möglich!

Friede ist möglich
Atemzug für Atemzug,
Friede ist möglich
Wort für Wort,
Friede ist möglich
Tag für Tag,
Friede ist möglich
Mensch für Mensch,

Friede ist möglich nur, aber nur
durch friedliche Mittel.

Wir müssen nicht dafür kämpfen,
wir müssen nicht dafür sterben.

Friede ist nur möglich durch friedliche Mittel.

Machen wir uns auf.

Shraga Feish Fischmann, Greta's great grandfather from her father's side, Rabbi and pulpit speaker in Preßburg (Bratislava) – Gretas Urgroßvater väterlicherseits, Shraga Feish Fischmann, Rabbi und Prediger in Preßburg (Bratislava).

Jewish Women's Organization in Frauenkirchen. Greta's grandmother
Clara Rechnitzer on the left side – Jüdische Frauen-Organisation in
Frauenkirchen. Gretas Großmutter Clara Rechnitzer auf der linken Seite.

Greta's grandmother Clara Rechnitzer with her mother Ida on vacation in Baden, 1912 – Gretas Großmutter Clara Rechnitzer mit ihrer Mutter Ida auf Urlaub in Baden, 1912.

Greta's grandfather from her mother's side, Sigmund (Simon Jitzchok) Rechnitzer, Frauenkirchen – Gretas Großvater mütterlicherseits, Sigmund (Simon Jitzchok) Rechnitzer.

Greta's aunt, her mother's sister Gisela. She is one of the victims of the war. Greta never met her. But she says about her: "To me she seems alive. She is my role model representing grace, love and beauty." – Gretas Tante, die Schwester ihrer Mutter Gisela. Sie ist ein Opfer des Krieges. Greta lernte sie nie kennen. Aber sie sagt über sie: „Für mich scheint sie sehr lebendig. Sie ist mein Vorbild in der Verkörperung von Anmut, Liebe und Schönheit."

Greta's grandfather from her father's side, Mano (Menachen Mendl) Fischmann, serving in World War I as a volunteer. He was an officer in the Hungarian army 1914-18 and an orthodox Jew – Gretas Großvater väterlicherseits, Mano (Menachen Mendl) Fischmann, zur Zeit des Ersten Weltkriegs. Er war Offizier in der Ungarischen Armee 1914-18 und orthodoxer Jude.

Greta's mother, Ida Rechnitzer. Her engagement photo in Frauenkirchen, 1928 – Gretas Mutter, Ida Rechnitzer. Ihr Verlobungsfoto in Frauenkirchen, 1928.

Greta's father, Nathan Fischmann. His engagement photo in Vienna, 1928
– Gretas Vater, Nathan Fischmann. Sein Verlobungsfoto, Wien, 1928.

Family photo 1935, Vienna, before Greta was born. The photo shows her parents and the three older siblings Sigmund, Erwin and Clara – Familienfoto 1935, Wien, vor Gretas Geburt. Das Foto zeigt ihre Eltern und die drei älteren Geschwister Sigmund, Erwin und Clara.

Greta Elbogen (center front) with her mother Ida, her three siblings Sigmund, Erwin and Clara and her aunt Gita, the sister of Greta's father. The photo was taken before going into hiding in Budapest 1944 – Greta Elbogen (in der Mitte) mit ihrer Mutter, ihren drei Geschwistern Sigmund, Erwin und Clara und ihrer Tante Gita, der Schwester ihres Vaters. Das Foto wurde 1944 aufgenommen, bevor die Familie sich in Budapest versteckte.

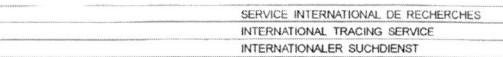

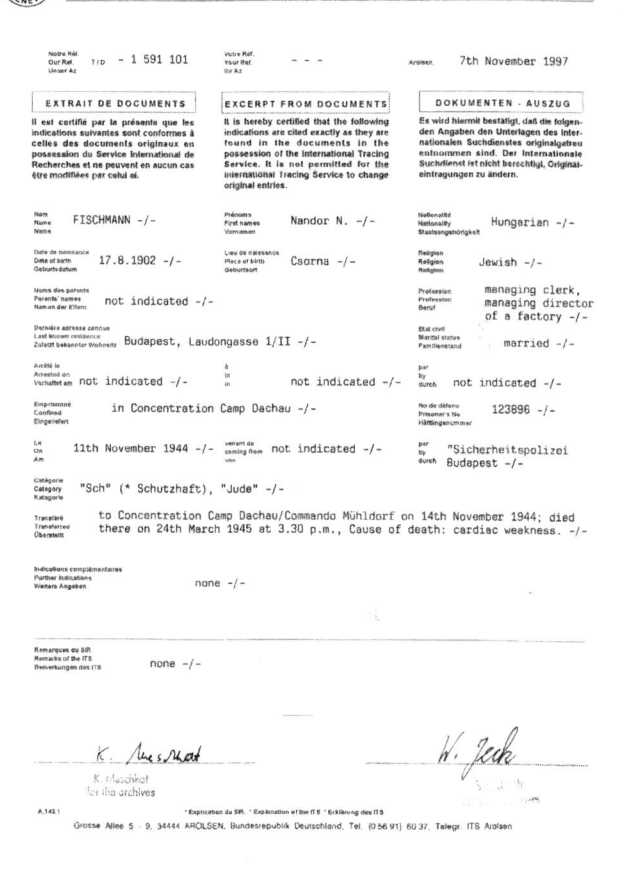

Notre Réf. Our Ref. Unser Az	T/D - 1 591 101	Votre Réf. Your Ref. Ihr Az ---

Arolsen, 7th November 1997

EXTRAIT DE DOCUMENTS	EXCERPT FROM DOCUMENTS	DOKUMENTEN - AUSZUG
Il est certifié par la présente que les indications suivantes sont conformes à celles des documents originaux en possession du Service International de Recherches et ne peuvent en aucun cas être modifiées par celui-ci.	It is hereby certified that the following indications are cited exactly as they are found in the documents in the possession of the International Tracing Service. It is not permitted for the International Tracing Service to change original entries.	Es wird hiermit bestätigt, daß die folgenden Angaben den Unterlagen des Internationalen Suchdienstes originalgetreu entnommen sind. Der Internationale Suchdienst ist nicht berechtigt, Originaleintragungen zu ändern.

Nom / Name: FISCHMANN -/-
Prénoms / First names: Nandor N. -/-
Nationalité / Nationality: Hungarian -/-

Date de naissance / Date of birth: 17.8.1902 -/-
Lieu de naissance / Place of birth: Csorna -/-
Religion: Jewish -/-

Noms des parents / Parents' names: not indicated -/-
Profession / Beruf: managing clerk, managing director of a factory -/-

Dernière adresse connue / Last known residence: Budapest, Laudongasse 1/II -/-
Etat civil / Marital status: married -/-

Arrêté le / Arrested on: not indicated -/- **à / in:** not indicated -/- **par / by:** not indicated -/-

Emprisonné / Confined: in Concentration Camp Dachau -/-
No de détenu / Prisoner's No: 123896 -/-

Le / On: 11th November 1944 -/- **venant de / coming from:** not indicated -/- **par / by:** "Sicherheitspolizei Budapest" -/-

Catégorie / Category: "Sch" (* Schutzhaft), "Jude" -/-

Transféré / Transferred: to Concentration Camp Dachau/Commando Mühldorf on 14th November 1944; died there on 24th March 1945 at 3.30 p.m., Cause of death: cardiac weakness. -/-

Indications complémentaires / Further Indications: none -/-

Remarques du SIR / Remarks of the ITS: none -/-

K. Meschhat
for the archives

W. Jeck

* Explication du SIR, * Explanation of the ITS * Erklärung des ITS

Grosse Allee 5 - 9, 34444 AROLSEN, Bundesrepublik Deutschland, Tel. (0 56 91) 60 37, Telegr. ITS Arolsen

Document from the International Red Cross, giving exact time and condition (absurd piece of information!!!) of Greta's father's death in Mühldorf, sub camp of Dachau. It says: "Cause of death: cardiac weakness!" – Dokument vom Internationalen Roten Kreuz, welches das genaue Sterbedatum und die Todesursache (absurd!!!) von Gretas Vater in Mühldorf, einem Außenlager von Dachau, bekanntgibt. Als Sterbegrund wird Herzschwäche angegeben!

Greta at the age of eight or nine, after the war, Budapest – Greta mit acht oder neun Jahren, nach dem Krieg, Budapest.

Greta at the age of 14 after performing at the Jewish Community Center in Budapest – Greta mit 14 Jahren nach ihrem Auftritt im Jüdischen Gemeindezentrum in Budapest.

Greta received a hand designed honorary certificate for completing a special project in Jewish studies in the Jewish Community Center's afternoon program, Budapest, 1954 – Greta erhielt ein handschriftlich unterschriebenes Ehren-Zertifikat für den Abschluss eines Spezialprojekts im Zuge der jüdischen Studien im Nachmittagsprogramm des Jüdischen Gemeindezentrums, Budapest, 1954.

Greta's brothers Erwin and Sigmund in the Sunderland Talmudic College and Yeshivah, England, ca. 1947-56 – Gretas Brüder Erwin und Sigmund in der Jeschiwa in Sunderland, England, ca. 1947-1956.

Graduation photo, class of 1956 of "All Girls Jewish Gimnazium of Budapest" (high school). Greta is on top row, right side, next to her favorite teacher – Schulabschlussfoto der Klasse von 1956 des jüdischen Mädchengymnasiums in Budapest. Greta ist in der obersten Reihe, rechte Seite, gleich neben ihrer Lieblingslehrerin.

Mrs. Ida Fischman, (Vienna)

and the

Elbogen Family, (Brooklyn)

request the honor of your presence at the marriage of their children

Grete
to
Benzion

on Sunday, April Seventh Nineteenhundred-and-fiftyseven, in the Mainroom of Cafe Weihburg at No. 10. Weihburggasse, Vienna

Ceremony at 3 o'clock P. M.
Receptiondinner at 8 o'clock P. M.

Cableaddress:
Kosherrestaurant Weihburggasse 10., Wien

Druck: Roth, Wien

בעהשי״ת
עוד ישמע בערי יהודה ובחוצות ירושלים

קול ששון וקול שמחה למזל טוב
קול חתן וקול כלה

מתכבדים אנחנו בזה להזמין כבוד קרובינו וידידנו
לבוא לקחת חבל בשמחת כלולות בנינו היקרים

הבחור החתן המפלו׳
בן ציון נ״י
בן חרבינו הצהקמחר׳ ראהרן עלבויגען זל״ דיר״ר מהנאמש

עב״ג הבתולה הכלה המהוללה
מרת הענדל תחי׳
בת הרבינו הנגיד והמפורסם מוהר״ר נתן פישמאן זיל ה״ד
מסשאר־נאבוראפסטא

אשר תהי׳ בע״ה למו״ט ובשעה טובה ומוצלחת
ביום א׳ לסדר אחרי ו׳ ניסן תשי״ז לפ״ק
החופה תהי׳ איה בשעה 3 אחה״צ
והמשתה תהי׳ אי״ה בשעה 8
באולם וויהבורג רעסטוויראנט

ואי״ה בשמחתכם נשוב בגמילות חסד

מצד החתן   אם הכלה
משפחת עלבויגען   מרת חיה פישמאן
ברוקלין נ״י   וינא

Greta's Wedding Invitation, Vienna, April 1957 –
Gretas Hochzeitseinladung, Wien, April 1957.

Greta's marriage to Benzion Elbogen in Café Weihburg, Vienna 1957. The photo is showing her mother Ida, her brother Erwin and her sister Clara in – Gretas Hochzeit mit Benzion Elbogen im Café Weihburg, Wien 1957. Auf dem Foto sind Gretas Mutter Ida, ihr Bruder Erwin und ihre Schwester Clara zu sehen.

Greta's mother Ida, Greta and her daughters Malka and Leah celebrating Greta's 40th birthday – Gretas Mutter Ida, Greta, und ihre zwei Töchter Malka und Leah, an Gretas 40. Geburtstag.

Greta's four children: Malka, Rachel Leah, Nathan and Ahron –
Gretas vier Kinder: Malka, Rachel Leah, Nathan und Ahron.

An Evening of Roses

Greta is reading her poetry accompanied by piano. She was invited by the Austrian Consulate General in collaboration with the Austrian Culture Forum of New York. April 08 2014 – Greta liest ihre Lyrik begleitet von Klaviermusik. Ein Abend organisiert vom Österreichischen Generalkonsulat gemeinsam mit dem Österreichischen Kulturforum in New York. 8. April 2014.

In Gratitude

My appreciation and gratitude to all those who made the production of my book a reality.

A special thank you goes to the following individuals, who helped me realize my dream of bringing my message to a wider readership. These outstanding individuals are an example of gentleness and goodwill.

Dr. Waltraud Dennhardt-Herzog, Deputy Consul General of Austria, in New York.

Dr. Dennhardt-Herzog took me under her wing and arranged an event at the Austrian Cultural Forum in 2014, in which I read my poetry to music. She was also instrumental in encouraging the publisher to produce my book of poems in German.

Dr. Konstantin Kaiser, writer, editor, publisher of the Magazine "Zwischenwelt", Vienna, Austria.
Herbert Kuhner, writer, translator, Vienna, Austria.

Dr. Konstantin Kaiser accepted 5 of my poems in 2010, translated them into German with the assistance of Herbert Kuhner. They appeared in the August 2010 issue of "Zwischenwelt".

Four years later in 2014, Dr. Kaiser offered to translate and publish all my poems with additional material. He also took responsibility to obtain funding for the project. His commitment in bringing my book to the German speaking audience is invaluable.

I wish to thank all the staff members of the Theodor Kramer Gesellschaft.

I owe much thanks to my family, my ancestry, and many teachers who guided me, some who are still guiding me today in my life's journey.

I thank all my students who affirm my work.

My recent master is Venerable Zen master Thich Nhat Hanh who is the voice of PEACE.

May all of us become the voice of peace.

Danksagung

Meine Anerkennung und mein Dank gilt allen, die die Produktion meines Buches ermöglicht haben.

Ein besonderer Dank geht an die folgenden Personen, die mir geholfen haben, meinen Traum zu verwirklichen, meine Botschaft einem größeren Publikum zu übermitteln. Diese hervorragenden Personen sind ein Beispiel für Liebenswürdigkeit und Freundlichkeit.

Dr. Waltraud Dennhardt-Herzog, Stellvertretende Generalkonsulin von Österreich in New York.

Dr. Dennhardt-Herzog nahm mich unter ihre Fittiche und organisierte 2014 eine Veranstaltung im Österreichischen Kulturforum, bei der ich meine Gedichte mit musikalischer Begleitung vorlas. Außerdem war sie hilfreich, den Verleger zu ermutigen, meinen Gedichtband auf Deutsch zu publizieren.

Dr. Konstantin Kaiser, Schriftsteller, Verleger, Herausgeber der Zeitschrift „Zwischenwelt", Wien, Österreich.

Herbert Kuhner, Schriftsteller, Übersetzer, Wien, Österreich.

Dr. Konstantin Kaiser nahm 2010 fünf meiner Gedichte entgegen und übersetzte sie, mit Unterstützung von Herbert Kuhner, ins Deutsche. Sie erschienen in der „Zwischenwelt"-Ausgabe vom August 2010.

Vier Jahre später, 2014, bot mir Dr. Kaiser an, alle meine Gedichte, inklusive ergänzender Informationen im Anhang, zu publizieren. Er übernahm die ganze Verantwortung für dieses Vorhaben. Sein Engagement, mein Buch einem deutschsprachigen Publikum näherzubringen, ist unbezahlbar.

Dank sagen möchte ich allen MitarbeiterInnen des Verlags der Theodor Kramer Gesellschaft.

Ich bin außerdem meiner Familie und meinen Vorfahren zu Dank verpflichtet und den vielen Lehrern, die mich geleitet haben und mich immer noch leiten auf meinem Lebensweg.

Ich danke allen meinen Studenten, die mich in meiner Arbeit bestätigen.

Mein neuester Lehrmeister ist der ehrwürdige Zen-Lehrer Thich Nhat Hanh; er ist die Stimme von PEACE.

Mögen wir alle zur Stimme des Friedens werden.